NOUVELLE RÉGLEMENTATION

DE

L'IMMIGRATION A LA GUADELOUPE

PAR

Victor SCHŒLCHER

Prix : 1 fr. 50

PARIS

E. DENTU, LIBRAIRE-ÉDITEUR

GALERIE D'ORLÉANS (PALAIS-ROYAL)

Décembre 1885

NOUVELLE RÉGLEMENTATION

DE

L'IMMIGRATION A LA GUADELOUPE

NOUVELLE RÉGLEMENTATION

DE

L'IMMIGRATION A LA GUADELOUPE

PAR

Victor SCHŒLCHER

PARIS

E. DENTU, LIBRAIRE-ÉDITEUR

GALERIE D'ORLÉANS (PALAIS-ROYAL)

Décembre 1885

NOUVELLE RÉGLEMENTATION

DE

L'IMMIGRATION A LA GUADELOUPE

La nouvelle réglementation sur l'immigration à laquelle le conseil général de la Guadeloupe vient de donner son attache, avait surtout pour but d'organiser mieux qu'elle ne l'était la protection des immigrants. C'est ainsi que le comprenait le sous-secrétaire d'Etat, M. Félix Faure, lorsqu'il disait au gouverneur de la colonie dans sa dépêche du 16 février dernier : «... J'ai plusieurs fois appelé votre attention sur la nécessité de régler toutes les questions relatives au régime des immigrants. Il vous appartient d'insister auprès de la Commission du Conseil général chargée de l'élaboration de ce projet pour qu'elle termine son travail dans le plus bref délai. Il est à craindre, en effet, si on ne se presse *d'assurer d'une manière efficace* la protection des travailleurs indiens que l'émigration ne soit suspendue comme elle l'a été pour la Réunion. » L'honorable sous-secrétaire d'Etat aurait pu ajouter : et pour la Guyane. Il entendait qu'il s'agissait de faire une œuvre de progrès et d'humanité.

De son côté, M. le docteur Isaac, rapporteur de la Commission dit, en citant cette dépêche ministérielle : « Il est un fait indéniable, c'est la nécessité d'une protection spéciale pour l'immigrant engagé... Mais quelle sera cette protection?... Il ne s'agit pas de la créer, elle existe. Il s'agissait pour votre Commission, de réunir, de codifier, d'améliorer les textes disséminés... et de les transformer en une œuvre une, entière, conçue dans des vues d'ensemble et dans un esprit général, plus en rapport avec notre libéralisme républicain... Nous devons le déclarer, avant tout ; nous n'entendons pas faire ici une réglementation exceptionnelle du travail. Votre Commission est la première à reconnaître que le travail ne se décrète pas... Il s'agit *uniquement* d'organiser la protection de l'immigrant et... de soumettre aussi à une surveillance spéciale cet élément étranger, susceptible d'être dangereux à un moment donné. »

Cette dernière phrase nous mène un peu loin du point de départ. La Commission ne veut plus se borner *uniquement* à pourvoir à « la nécessité d'une protection spéciale pour l'immigrant », elle veut aussi se charger de « soumettre cet élément dangereux à une surveillance spéciale ». La protection due à l'immigrant cesse d'être l'*unique* préoccupation du législateur, elle n'est plus que la principale.

Quoiqu'il en soit, le projet de décret élaboré par la Commission et voté par le Conseil général, vaut-il mieux que l'ancien? Oui, mais dans une mesure si restreinte que l'engagé n'y gagnera presque rien. Le projet n'est pas bon, et nous ne nous en prenons pas au Conseil ; le Conseil ne pouvait le faire bon, parceque cela était impossible, parcequ'il s'était donné à résoudre un problème insoluble : faire du bien avec du mal. Nul doute sur l'intention sérieuse où il était d'améliorer le sort des immigrants ; s'il a échoué, c'est que, vouloir améliorer une chose mauvaise par elle-même, par essence, c'est chercher la pierre philosophale. L'institution de l'immigration avec engagement à terme fixe est inamendable ; ses vices font corps avec elle, ils lui sont inhérents, comme le froid est inhérent à la glace ; on ne peut pas plus la régler humainement que l'esclavage, que l'assassinat ou la peine de mort.

Aussi, que voyons-nous? Pendant que d'un côté, la nouvelle réglementation vise à prévenir les excès d'arbitraire dont souffrait l'engagé, de l'autre, pour vaincre son indifférence au travail, parfaitement naturelle puisqu'il n'y trouve pas le moindre profit, elle tend parfois à aggraver sa situation ; et si, par impossible, elle obtenait la sanction légale, elle aurait en somme, pour résultat, de mettre l'engagé plus encore qu'il ne l'était dans la main de l'engagiste. Il est sûr, bien sûr que ce n'est pas là ce qu'ont voulu les Républicains qui ont contribué à former la majorité du Conseil. Et cependant, le fait n'est malheureusement pas contestable ; nous le démontrerons. C'est ce que, au cours de la discussion, un orateur a exprimé en termes peu bienveillants pour les philanthropes, mais très clairs : « ... Personne ici ne songe à l'esclavage, excepté peut-être quelques prétendus philanthropes qui se servent encore de ce mot pour les besoins de leur cause... grâce à l'influence bienfaisante de cette réglementation, les propriétaires pourront exercer une direction plus efficace sur leurs engagés à l'effet de les maintenir dans des habitudes de travail régulier... Qu'on cesse donc d'agiter l'épouvantail de l'esclavage.» (*Procès-verbaux* de la discussion, p. 291)

Lisez entre les lignes, vous y verrez : Grâce à l'influence de cette bienfaisante réglementation, le propriétaire sera plus qu'auparavant le maître de ses engagés. Tant il est vrai que les propriétaires s'en déclarent satisfaits.

Nous le savons : ce n'est pas de très bon cœur que les Républicains du Conseil se sont mis à l'ouvrage. M. Isaac, le rapporteur, ne se pressait pas, comme on l'a vu, de faire son rapport. Ils ont cru utile aux intérêts matériels du pays de ne s'attacher, pour le moment, qu'à rendre moins dur le sort des engagés ; mais nous aurions désiré leur entendre déclarer explicitement qu'ils se réservaient d'attaquer bientôt le mal pour le détruire radicalement.

Nous entreprenons de leur signaler les défauts qui, selon nous, se trouvent dans l'acte législatif auquel ils ont participé. Nous le ferons sans manquer à la déférence que mérite une assemblée comme le Conseil général de la Guadeloupe, sans blesser les sentiments d'affection qui unissent ses membres républicains et nous, depuis tant d'années que, vieux coreligionnaires politiques, nous avons combattu la main dans la main, pour la cause du droit, de la justice, de l'égalité et de la dignité humaine.

Nous suivrons l'ordre du projet, discutant ses articles à mesure qu'il s'en présentera un que nous croyons susceptible de critique.

Article 1er. — L'Administration des émigrants est confiée, sous l'autorité du directeur de l'Intérieur, à un service spécial dit service de l'Immigration.

C'est l'ancien service des syndics qui, sans responsabilité sérieuse, n'a jamais donné de garantie véritable aux immigrants contre les abus dont ils peuvent être victimes. Depuis l'arrêté du 15 janvier 1861 qui l'a établi, il a toujours été accusé et convaincu d'avoir plus protégé les engagistes que les engagés.

Nous sommes de ceux qui ont souvent répété : on

ne parviendra à réprimer les plus gros abus de l'immigration qu'en en remettant la charge dans la main de l'Administration judiciaire. Les magistrats seuls ont des habitudes de respect professionnel des lois, qui ne leur permettent pas d'en faire bon marché sans quelqu'embarras ; on ne peut guère exercer sur eux d'influence directe, aussi les engagistes se sont-ils toujours opposés à leur intervention. Ils aiment mieux les syndics, fonctionnaires locaux, avec lesquels ils peuvent s'entendre plus facilement. Impossible, d'ailleurs, de donner à ces agents de l'ordre civil l'autorité judiciaire, et sans cette autorité, l'action du protecteur devient un leurre. Les abus de pouvoirs, les délits des engagistes étant des infractions à la loi, doivent ressortir directement au procureur général qui a la responsabilité de toute l'Administration judiciaire.

Ce qu'il y a de vrai dans ce que nous venons de dire, n'a pas échappé aux auteurs de la nouvelle réglementation, ils veulent que la connaissance de ces délits aille directement au parquet du ministère public; mais, en fait, ils laissent aux syndics la liberté d'en disposer sans le parquet. Voyez :

Art. 7, § 1er. — Les syndics sont les agents directs de la protection, § 10. Ils saisissent, quand il y a lieu, le Syndicat protecteur de tous les faits ou réclamations pouvant donner lieu à une action judiciaire en faveur des immigrants.

« *Quand il y a lieu* », c'est-à-dire quand il leur plait.

Art. 7, § 12. — Ils transmettent aux magistrats du ministère public les plaintes portées par les immigrants à l'occasion des délits et contraventions commis à leur préjudice.

Un Indien vient-il se plaindre au syndic d'avoir été frappé, montre-t-il la trace des coups qu'il a reçus ? Si le syndic juge qu'il a été trop peu battu pour que cela « puisse donner lieu à une action judiciaire », l'Indien ne peut l'y obliger ; le syndic ne saisit la justice que s'il trouve « qu'il y a lieu ». La protection que donne l'article 7 à l'engagé est à peu près illusoire. Si l'on veut qu'elle soit réelle, il faudrait dire que le syndic *est tenu* de transmettre à l'autorité compétente la plainte ou la réclamation qu'il reçoit.

Art. 21. — Le nombre des immigrants à prélever sur chaque convoi pour la petite culture, est fixé provisoirement à vingt-cinq.

En décembre 1881, le Conseil général discuta un projet d'arrêté présenté par l'Administration de la Guadeloupe, relatif *à la révision des règlements locaux sur l'immigration*. L'article 22 de ce projet d'arrêté « fixait à vingt-cinq pour la petite culture et à « quinze pour la domesticité le nombre d'Indiens « prélevés sur chaque convoi. » Un membre, M. Giraud, fit remarquer que « ce n'était pas pour fournir « des domestiques à quelques particuliers que la « colonie s'imposait de grands sacrifices, que les « domestiques indiens coûtant moins cher, et étant « engagés pour cinq ans, on les préférait naturelle-« ment à ceux du pays, de sorte *qu'ils faisaient con-* « *currence* à ceux-là, qui, eux aussi, contribuent à « leur introduction. » Il proposa, en conséquence, « d'attribuer à la petite culture tous les quarante « Indiens prélevés sur chaque convoi. » (*Procès-verbaux* de 1881, page 814.) MM. Célestin Nicolas et Ch. Gervais firent mieux ; ils proposèrent « de décider qu'à l'avenir, il ne serait plus réservé d'immigrants pour la domesticité ». Et leur motion fut adoptée. (*Procès-verbaux* de 1881, page 814.)

La nouvelle règlementation, en fixant à vingt-cinq le chiffre à prélever pour la petite propriété, n'en fixe aucun pour la domesticité. Ne s'ensuit-il pas qu'aujourd'hui chacun peut appliquer à la domesticité autant d'immigrants qu'il le voudra? Si nous ne nous trompons pas, cela ne serait pas plus profitable à la grande qu'à la petite culture.

Les immigrants amenés à grands frais aux colonies n'y sont pas moins des concurrents, ce qui est beaucoup plus grave, pour les cultivateurs que pour les domestiques. « J'ai parcouru récemment, dit « M. Bernus, les campagnes de mon arrondissement, « la Basse-Terre ; à Saint-Claude, au Baillif, partout « j'ai entendu les revendications des travailleurs « créoles dont je me suis fait l'écho. Sur des pro- « priétés auxquelles, de tout temps, étaient attachés « des cultivateurs indigènes, je n'ai plus rencontré « que des Indiens ; et quand j'en ai demandé la rai- « son, on m'a répondu : « Nous sommes aux abois ; « les immigrants par suite de la diminution du tra- « vail, suffisent aujourd'hui. C'est avec regret que « nous nous privons des bras créoles, mais nous ne « pouvons faire autrement. » (Conseil général. Séance « du 11 décembre 1884, page 280 des *procès-ver- baux.)*

ART. 47, § 1. — Tout immigrant engagé devra être pourvu d'un livret. § 3, l'engagiste inscrira au livret le nombre de journées de travail fournies pendant le mois précédent, le nombre des journées d'absence régulière, celui des journées d'absence irrégulière, le montant des salaires acquis, les payements effectués et les retenues opérées sur les salaires.

C'est le texte même de l'ancien règlement, et nous l'avons dit plus d'une fois, il met entièrement l'engagé à la discrétion de l'engagiste. Celui-ci inscrit au livret ce qu'il veut sur tous ces points ; il ne fait pas et il ne peut pas faire les constatations d'accord avec l'engagé qui, ne connaissant pas la langue et les chiffres du livret, est hors d'état de rien contrôler. Si honnête que soit la grande majorité des engagistes, il n'est pas moins vrai que les déshonnêtes ont toute faculté d'abuser de leur position. Etait-il possible d'enlever cette dangereuse faculté aux engagistes? Nous ne le croyons pas. Il fallait forcément la leur laisser, et c'est une de nos raisons pour proscrire l'immigration. L'engagé affirme-t-il qu'il a trois francs de salaire acquis, tandis que le livret n'en porte que deux, l'engagé est toujours sacrifié ; car il faut choisir, et il est moins facile de croire à l'affirmation d'un Indien de mœurs généralement peu scrupuleuses qu'à celle de son employeur français.

A la vérité, l'article 181, § 1er, dit : « Tout engagiste « qui aura inscrit sur le livret de son engagé des « constatations inexactes, sera puni d'une amende de « 5 à 15 francs » ; mais s'il est reconnu réellement coupable d'un acte de mauvaise foi, préjudiciable au pauvre engagé, une amende de 5 à 15 francs, est-elle équivalente à la gravité du délit?

Art. 49. — L'immigrant est toujours détenteur de son livret, qui devra être représenté à toute réquisition des agents de la force publique. Tout immigrant rencontré en dehors de la propriété à laquelle il est attaché et qui ne justifiera pas d'un livret, sera présumé en état de désertion ou de vagabondage.

On le voit, l'engagé ne peut faire un pas sans avoir

son livret sur lui, et, faute de s'en être muni, dès qu'il a passé le seuil de la propriété à laquelle il appartient, il peut être arrêté « et conduit au commissaire de « police qui le mettra à la disposition de la justice, « sous l'inculpation de désertion ou de vagabon- « dage » (même article, § 1er).

C'est là, nous défions qu'on puisse le contester, un retour pur et simple à l'une des pratiques de l'escla- vage, alors que tout esclave non porteur d'un billet de circulation de son maître était arrêté comme marron. La seule différence est qu'aujourd'hui, par pudeur, on dit *vagabond*, au lieu de *marron*. Ceux de nos amis qui ont voté une prescription si rapprochée de l'esclavage, peuvent-ils se persuader qu'ils ont modifié le régime de l'immigration « dans un esprit général, plus en rapport avec leur libéralisme répu- blicain » ? Ils sont de trop bonne foi pour ne pas avouer que leurs frères d'Europe ne sauraient accueillir avec faveur un projet contenant une dispo- sition comme celle du livret, aujourd'hui condamné par la métropole. Nous nous souvenons que la Com- mission du travail aux Colonies, présidée par l'amiral Fourichon en 1872, flétrissait déjà l'obligation du livret du nom de « contrainte voisine du servage. »

Du reste, ne contînt-il que le regrettable article 49, c'en serait assez pour que le nouveau projet ne pût obtenir la sanction légale. C'est l'article 12 du décret du 13 février 1852 auquel, par parenthèse, M. le rap- porteur fait l'injure de l'appeler « un décret de la République » qui impose le livret aux engagés. Or, une proposition de loi bien vue par les deux Cham- bres (1) stipule, article 1er : « Sont abrogés, la loi du

____

(1) Cette proposition de loi, due à l'initiative de notre

« 22 juin 1854... et l'article 12 du décret du 13 février
« 1852, sur les obligations des travailleurs aux
« Colonies, et toute autre disposition de lois ou
« décrets relatifs aux livrets d'ouvriers. » Il n'est pas
possible de dire que cette loi ne profitera qu'aux
ouvriers créoles et non aux immigrants, tous jetés en
dehors du droit commun, puisqu'elle vise précisé-
ment l'article 12 du décret de 1852, spécialement
fait pour eux. La Guadeloupe ne peut espérer non
plus que le grand citoyen, placé à la tête du Gouvernement, veuille apposer sa signature au bas d'un
règlement qui est, pourrait-on dire, une violation fla-
grante d'une loi future.

Notons, pour finir, sur le livret, que le Conseil général de la Guadeloupe a oublié que sa nouvelle règlementation constitue aussi une violation de l'article 23
de la convention du 1er juillet 1861, passée entre la
France et l'Angleterre et promulguée à la Martinique
par un décret du 10 août suivant. Cet article 23 dit :
« Le règlement de travail des immigrants à la Marti-
« nique servira de base à tous les règlements des
« Colonies françaises dans lesquelles les immigrants
« Indiens, sujets de Sa Majesté Britannique, pour-
« ront être introduits.

---

honorable ami, M. Nadaud, fut votée par la Chambre des
députés le 12 juin 1882, et adoptée par le Sénat le 22 novembre 1883, mais avec des modifications qui l'ont fait renvoyer
à la Chambre. M. Demarçay, rapporteur d'une nouvelle
Commission de la Chambre, a déposé le 20 juin 1885, un
rapport tendant à l'adoption du texte voté par le Sénat.
Malheureusement, la session a été close avant que la Chambre ait pu en délibérer. M. Nadaud reproduira nécessaire-
ment sa loi, et ces précédents ne permettent pas de douter
qu'elle ne passe.

« Le Gouvernement français s'engage à n'apporter
« à ce règlement aucune modification qui aurait pour
« conséquence, ou de placer lesdits Indiens dans une
« position exceptionnelle, ou de lui imposer des con-
« ditions de travail plus dures que celles stipulées
« par lesdits règlements. »

La Martinique ayant, à son grand honneur, aboli le
travail forcé en supprimant l'immigration, la Guadeloupe commet une irrégularité qui peut lui susciter
des embarras lorsqu'elle ne se modèle pas, en cette
matière, sur la législation de la colonie-sœur. Le
Gouvernement ne peut lui permettre d'imposer « aux
« sujets de Sa Majesté Britannique des conditions
« plus dures que celles adoptées par les règlements
« de la Martinique. »

Art. 66. — L'engagiste au profit de qui a été passé un
contrat de travail peut le transférer à qui bon lui semble,
avec le consentement de l'immigrant, et sans ce consentement, quand le transfert est fait en faveur du nouveau
détenteur de la propriété.

C'est-à-dire, en propres termes, que l'engagé, lorsqu'on vend la propriété sur laquelle il se trouve, est
assimilé aux animaux domestiques de la ferme, il
passe comme eux, qu'il le veuille ou non, dans la
possession de l'acquéreur ! Tenu pour un outil à deux
bras, il est livré à cet acquéreur avec les autres outils
de fer et de bois, en un mot, avec les autres *choses*
appartenant à la terre !

Nous nous empressons de le dire à sa louange,
M. Isaac pensa que ce paragraphe allait trop loin.
« Je voudrais, dit-il, qu'on le fît suivre d'un autre
« ainsi conçu : toutefois, il devra être fait droit à la

« réclamation de l'engagé qui le demanderait et trou-
« verait un autre engagiste qui pût désintéresser
« l'ayant-droit de la portion des frais d'introduction,
« etc. » Aussitôt, M. Souque lança cette objection, à
laquelle on pourrait à peine croire, si on ne la lisait
dans les *procès-verbaux* de la séance (page 256) :
« Cette addition ne me paraît pas sans danger... Le
« principe est que l'immigrant qui s'engage passe un
« contrat qui l'oblige, *non envers une individualité,*
« *mais envers la propriété à laquelle il est atta-*
« *ché.* C'est là un principe reconnu et consacré ! »
M. Isaac répondit vivement : « Je ne puis admettre
« cette monstruosité, qui consiste à dire que l'immi-
« grant est attaché au sol, non à une personne, et
« doit suivre le sort de la propriété. » — Son article
additionnel fut mis aux voix et *repoussé !! (Procès-
verbaux*, page 258.)

La majorité du Conseil aurait donc adhéré à cette
monstruosité que l'Indien a contracté avec un certain
nombre d'acres de terre plantés en cannes et non avec
un planteur, qu'il a traité avec *une chose,* qu'il est ce
qu'on appelle en termes de droit « un immeuble par
« destination ! »

Il y a eu certainement ici méprise, malentendu :
c'est à revoir.

Notre ami, M. Dufond, a d'ailleurs fait observer
que « *le principe* » admis par le Conseil affranchissait
l'Indien de tout lien, parce que « le consentement,
« condition essentielle à la validité de toute conven-
« tion, y faisait complètement défaut, en raison de
« l'erreur commise sur la nature de la convention. »
— Ils ont cru louer leurs bras à un homme; on
convertit leur contrat en un engagement envers une

glèbe, envers une propriété, ce à quoi ils n'ont pas souscrit : leur engagement est donc radicalement nul.

Art. 77, § 3. — L'immigrant qui, à l'expiration de son contrat, a opté pour le rapatriement et qui se trouve en expectative de départ, doit justifier d'un travail habituel.

Il s'est engagé pour cinq ans, il a bien rempli toutes les conditions de son contrat, il est libéré ; il a compté qu'au bout de son temps de servitude volontaire, père, il pourrait aller embrasser ses enfants ; fils, il pourrait aller revoir sa mère, il demande le rapatriement qu'on lui doit, et la Colonie s'est si peu inquiétée de s'acquitter envers lui qu'en octobre 1884, le directeur de l'intérieur était obligé d'avouer « qu'il « y avait 1,300 Indiens dont le droit au passage « était établi. » (*Conseil général.* Séance du 12 décembre 1884, page 313 des *procès-verbaux.*) 1,300 Indiens en expectative de départ ! 1,300 Indiens que « l'on met, » comme l'a loyalement dit M. Isaac, le rapporteur, « dans une situation fort irrégulière et « *contraire à leur droit* » et que l'on force d'attendre quelquefois pendant plusieurs années, faute d'argent, pour les ramener chez eux (1). En termes commerciaux, voici ce qu'est la chose : L'Indien libéré présente à son échéance le billet de rapatriement que lui a souscrit la Colonie, et la Colonie ne fait pas honneur à sa signature ! C'est raide, comme on dit en langage vulgaire.

Cela déjà est fort « irrégulier », mais l'article 77 va

---

(1) M. Isaac disait, dans *le Progrès* du 16 décembre 1882 : « Les Indiens, fatigués de cette attente qui ne dure pas moins « de quatre ou cinq ans, vont grossir la masse des mécon- « tents, des vagabonds et des incendiaires. »

plus loin : ces hommes qui ont rempli leurs devoirs de travail pendant cinq années, ces hommes que l'on retient *contre leur droit* et leur gré, il les force à fournir quatre, cinq années de travail de plus, autrement dit : à supporter les effets de l'impuissance ou de l'insouciance de la Colonie à satisfaire à ses obligations en vers eux ! Est-ce juste?

Faut-il donc, vont s'écrier les auteurs du projet, les entretenir à ne rien faire pendant cinq ans, et provoquer tous les désordres qui s'ensuivraient? Oh! cela ne nous regarde pas ; nous n'avons pas à pourvoir aux résultats funestes de l'ordre de choses qu'il vous convient de maintenir, tout en l'appelant vous-même un « expédient mauvais ». Nous n'avons à nous préoccuper que de l'intérêt suprême de l'équité. Tant pis pour vous, si, voulant conserver l'immigration, vous êtes forcés de conserver et de nourrir les maux qui en sont inséparables. Ou n'ayez pas d'immigrants, ou si vous ne consentez pas à perdre le nom d'hommes justes, rapatriez-les, quoi qu'il puisse vous en coûter quand ils réclament leur droit au rapatriement. A ceux qui nous trouveraient ici trop absolu en tenant ce langage, nous demandons ce qu'ils diraient si, ayant bien rempli, non pas même pendant cinq ans, mais pendant cinq semaines, toutes les obligations d'un contrat qu'ils auraient signé, on prétendait leur imposer les mêmes obligations pendant cinq années ou cinq semaines de plus, sous prétexte qu'il en coûterait trop cher pour les remplacer ! Où est le tribunal devant lequel ils porteraient leur cause, qui leur donnerait tort?

Il y a ici une véritable énormité : Les immigrants indiens auraient-ils contracté leur engagement, s'il y avait été stipulé qu'une fois leurs cinq ans faits, on aurait le droit de les retenir et de les condamner au travail forcé pendant cinq autres années ou même une seule autre année ?

Il nous reste une dernière observation à faire sur l'article 77. Il oblige « l'immigrant en expectative de départ à justifier d'un travail habituel, » de sorte que si cet homme, grâce à ses économies ou à tout autre ressource, a de quoi vivre sans travailler, « il doit néanmoins justifier d'un travail habituel ! » Que devient donc sa liberté qu'il a reconquise ? En conscience, cela peut-il s'appeler le protéger contre les abus de l'arbitraire ?

Art. 90. — Il sera fourni annuellement à l'engagé des vêtements consistant en deux rechanges, composées ainsi qu'il suit : Pour les hommes : deux chemises, deux pantalons en tissu de coton et un chapeau ou mouchoir de tête par an ; pour les femmes : deux chemises, deux robes ou jupes et quatre mouchoirs en tissu de coton.

Nous le demandons : est-il convenable de vêtir aussi misérablement des hommes et des femmes, est-ce respecter assez la décence publique ? Avec deux chemises et deux pantalons ou deux robes par an, quel soin est-il possible d'avoir même de la plus simple propreté du corps ? Peut-on s'étonner après cela, que « les immigrants, comme on l'a dit dans la discussion, « affligent nos regards par le spectacle de misères « morales et physiques déplorables. » (*Procès-verbaux*, p. 209.) Peut-on s'étonner d'entendre tout le monde se plaindre « de l'état repoussant de leurs guenilles. » Il est impossible de considérer cette manière d'habiller les engagés comme répondant au désir qu'avait le Conseil d'apporter de l'adoucissement à leur avilissante condition.

Art. 93. — L'engagé recevra, à la fin de chaque mois, la totalité du salaire qui lui est dû pour le mois. Toutefois, en cas de circonstances exceptionnelles, le protecteur des immigrants pourra autoriser l'engagiste à retarder d'un mois le payement, sans que ce délai puisse être dépassé.

Ceci est trop à l'avantage de l'engagiste et trop au désavantage de l'engagé. Comment veut-on que cet Indien, complètement illettré, incapable de prendre une note par écrit, puisse se rendre un compte exact des journées de travail qu'il a fournies dans l'espace d'un mois, et à plus forte raison de deux mois ? Là paie, comme le proposait M. Rougon, directeur de l'intérieur à la Martinique, dans une circulaire en date du 17 août 1880, « la paie devrait se faire chaque semaine obligatoirement ; elle rendrait ainsi le contrôle plus facile en cas de désaccord entre les deux parties, et préviendrait les nombreuses réclamations qui parviennent chaque jour à l'autorité à ce sujet. »

Art. 104. — N'est pas considéré comme travail l'obligation pour les immigrants de pourvoir, les jours de repos, par une corvée spéciale, aux soins que nécessitent la bonne tenue et la propreté des établissements, l'entretien des animaux et le service de la vie habituelle.

Cette corvée ne doit pas excéder trois heures et doit se terminer au plus tard à neuf heures du matin.

L'immigrant qui refuse de la fournir est soumis à la retenue du tiers du salaire d'une journée, sous réserve du visa du syndic.

Il a travaillé six jours de la semaine, il a certes bien gagné le repos du septième jour. Point. On le contraint encore le dimanche à faire gratuitement une corvée de trois heures ; et la trouve-t-il abusive, refuse-t-il de la subir, on lui retient un tiers de salaire d'une journée !

Il est déjà surprenant que nos honorables amis les républicains du Conseil aient laissé passer les deux premiers paragraphes de cet article; car, à leur exigence outrée, s'ajoute un cas rédhibitoire, celui d'être une tradition de l'esclavage. Mais qu'ils nous permettent et nous pardonnent de le dire : le troisième paragraphe, disposition toute nouvelle, est incontestablement une aggravation de la déplorable condition des engagés.

ART. 118, § 6. — L'absence légale est celle qui se produit, pour se rendre au Syndicat, au Consulat ou au Parquet y porter des plaintes ou des réclamations qui auront donné lieu à une action administrative ou judiciaire.

De sorte que si la plainte est plausible et de bonne foi, mais ne peut cependant « donner lieu à des poursuites administratives ou judiciaires », l'Indien sera puni comme coupable d'absence illégale ! Dire que cela augmente beaucoup la protection qu'on voulait lui assurer serait assurément une exagération.

Nouvelle preuve que le Conseil s'est donné une tâche d'une difficulté insurmontable, lorsqu'il a entrepris de procurer aux immigrants une vie moins dure. Si sincèrement préoccupé qu'il en fût, la nécessité de prendre des mesures d'ordre à l'égard des engagés plus ou moins insoumis, l'a entraîné à créer pour eux trois délits spéciaux, passibles de grosses amendes et de prison.

1° La désertion simple :

ART. 123. — Tout immigrant qui s'absente pendant plus de huit jours et moins de vingt jours de chez son engagiste, est réputé en état de désertion.

Ce déserteur, d'une espèce particulière, est puni (art. 183, § 1er), d'une amende de 5 à 25 francs et en « cas de récidive, d'un emprisonnement de un à cinq jours. »

Infliger à un homme qui gagne 12 francs par mois, une amende pouvant aller jusqu'à 25 francs, sans compter qu'il est privé de salaire pendant son emprisonnement de un à cinq jours, n'est-ce point dépasser les bornes de la sévérité ?

2° La désertion prolongée :

ART. 183, § 2. — Si la désertion se prolonge au-delà de vingt jours, l'Indien justifiant néanmoins d'un travail habituel, sera puni d'une amende de 25 à 100 francs solidairement avec l'engagiste qui l'aura employé.

Lors de son débarquement, l'Indien a été distribué au hasard, comme une tête de bétail, à un engagiste quelconque. Il ne se trouve pas satisfait chez lui, il va chez un autre qui, probablement, est meilleur. Là, il justifie « d'un travail habituel. » N'importe, c'est un déserteur ! à l'amende ! Bien entendu, son engagiste préféré paiera l'amende de 25 à 100 francs, pas de doute là-dessus ; mais, lui, en sera-t-il moins malheureux d'être ramené chez le maître qu'on lui impose ? Que voulez-vous ? Le Conseil, quoiqu'il en pensât, n'y pouvait rien. Il était dans une impasse, il n'est pas responsable de l'immigration, il s'en est défendu à plusieurs reprises. Elle existe; c'est une des institutions du pays : il avait seulement à la réglementer et l'ordre à y préserver exige que l'immigrant soit rivé pendant cinq ans au service de l'homme dans les mains duquel le hasard l'a fait tomber, que, *personnellement*, il ne s'est jamais engagé à servir et qu'il n'aime pas !

3° Le vagabondage par défaut de justification d'un engagement régulier :

Art. 167. — Tout immigrant qui ne justifiera pas d'un engagement régulier ou d'une dispense d'engagement... sera réputé en état de vagabondage et passible, conformément aux dispositions du Code pénal, d'un emprisonnement de trois à six mois.

Sous l'empire de cet article, un Indien libéré, parfaitement établi, qui n'aura pas voulu prendre une dispense d'engagement, « est réputé vagabond », et on pourra voir un Indien *patenté* condamné de trois à six mois de prison comme *vagabond !* Six mois de prison parce qu'il ne veut pas se résigner à l'humiliation de solliciter une dispense d'engagement, c'est beaucoup, et ne semble-t-il pas au moins bizarre d'appliquer tout à coup un article du Code pénal à un homme placé en dehors du droit commun, article qui ne lui est même pas applicable légalement?

Que ces trois délits de nouvelle invention fussent ou non devenus nécessaires au pouvoir des engagistes, personne ne voudra nier qu'ils empirent la situation de l'engagé.

Les espérances que l'on fonde sur cette édition parfois augmentée du Code pénal de l'immigration sont vaines. M. Isaac l'a dit dans son rapport: « La Com-

« mission est la première à reconnaître qu'il est
« absolument impossible de soumettre au travail un
« homme qui voudra résolûment s'y soustraire. »
Rien de plus vrai, du moins pour l'immigrant avec
engagement ; qu'il veuille travailler ou non, son engagiste est toujours tenu de le nourrir. Il y a là une
question d'humanité. Il n'est permis à son engagiste
ni de le mettre à la porte, ni de le condamner à
mourir de faim pour fainéantise persévérante.

Que les planteurs de la Guadeloupe ne s'y trom-
pent pas davantage. Aussi longtemps qu'ils voudront
occuper des serfs de la glèbe au lieu d'occuper des
hommes libres, tout châtiment corporel étant interdit,
il n'y a qu'un seul moyen au monde d'obtenir d'eux
le travail, c'est d'agir envers eux avec beaucoup de
ménagement et de douceur, c'est de les bien traiter,
de les bien nourrir, de leur rendre agréable le séjour
de l'habitation, en un mot de s'en faire aimer.

Art. 134, § 1er. — Il est établi dans chacune des villes de
la Basse-Terre et de la Pointe-à-Pitre un dépôt colonial
des immigrants. Ces dépôts sont destinés à recevoir :
...§ 5 les immigrants dont une décision du gouverneur a
ordonné le rapatriement d'office par mesure de haute police;
§ 6, les immigrants arrêtés en état de désertion ou de
vagabondage, lorsqu'ils ne peuvent, pour une cause quelconque, être remis immédiatement à leurs engagistes.

Ce sixième paragraphe formait l'article 138 du
projet administratif de 1881 et la Commission chargée
d'étudier le projet avait proposé d'y substituer la disposition suivante : «... Les dépenses occasionnées par
« le séjour des immigrants au dépôt sont à la charge
« de l'engagiste. » Malheureusement, l'amendement
fut rejeté. Il nous paraît injuste de mettre à la charge

de la caisse publique les frais de détention « d'un déserteur ou d'un vagabond. » Sans compter qu'il est réduit à l'état de mineur, l'immigrant est l'employé de son engagiste ; celui-ci, selon toutes les règles du droit, doit payer pour lui lorsqu'il cause un dommage quelconque, comme le père doit payer la vitre que casse son enfant. Le Conseil général de 1885 se montre ici moins libéral que la Commission de 1881.

Art. 138, § 3.— Les immigrants de la cinquième catégorie. (Voir plus haut, article 134, § 5) pourront être transférés dans un dépôt situé dans une des dépendances de la colonie.

Nous avons un extrême regret d'avoir à le constater, cette disposition permet à l'administration locale de rétablir, quand elle le voudra, le trop fameux atelier de discipline des Saintes, dont les rigueurs étaient si cruelles que M. l'amiral ministre Jaureguiberry ordonna de le fermer.

Art. 138, § 4. — Les immigrants invalides ou malades sont dispensés de travail ; ils reçoivent les soins médicaux.

Combien ne faut-il pas que l'institution de l'immigration puisse inspirer de mauvais sentiments à ceux qui y trempent pour que le législateur se croie obligé de stipuler que les invalides et les malades sont dispensés de travail quand leurs infirmités les empêchent de s'y livrer !

Art. 142. — Le Syndicat est chargé de diriger les immigrants pour tout ce qui touche à l'exercice des actions judiciaires qu'ils auraient à intenter ou à soutenir et ayant trait à leur condition d'engagé. Il a seul qualité par lui-même ou par ses délégués pour ester en justice dans l'intérêt des immigrants.

Cet article laisse l'immigrant dans la position dégradante où il était et il blesse la raison. Au moment où l'Indien s'engage, on le tient pour un homme en âge viril, capable de signer un contrat valide et par conséquent d'en comprendre les clauses. A peine est-il débarqué, on le dépouille de sa qualité d'adulte, on le frappe d'incapacité légale, on le réduit à l'état de mineur ne pouvant pas plus qu'un enfant ester en justice. Il ne peut rien par lui-même. Puis commet-il un délit, un crime, il redevient un membre actif de la société et il est puni comme tout homme responsable de ses actions !

Art. 144. — Le Syndicat d'arrondissement reçoit toute plainte ou réclamation des immigrants pouvant aboutir à une action judiciaire. Le Syndicat après avoir appelé l'engagiste à fournir ses explications, décide s'il y a lieu dans l'intérêt de l'immigrant d'introduire une action devant l'une des juridictions de la colonie, auquel cas il se constitue seul pour lui.

Ainsi, le protecteur attitré de l'engagé n'est pas même obligé d'entendre contradictoirement le plaignant et celui qu'il accuse, il ne demande pas d'autres explications que celles de l'engagiste et lui, lui seul décide s'il y a lieu d'en appeler à justice ! C'est exorbitant. Que penser de cette manière de supprimer l'engagé en pareille affaire, de tout conclure sans lui, comme s'il n'était pas une personnalité humaine ?

Art. 170, § 1er. — Tout immigrant qui se sera introduit dans une habitation ou dans un atelier contrairement à la volonté du propriétaire ou de son représentant et aura refusé d'obtempérer à l'injonction de se retirer, sera puni d'une amende de 16 francs à 100 francs.

Le décret bonapartiste du 13 février 1852 ne fixait l'amende que de 5 francs à 100 francs. Le projet de nouvelle réglementation la fait partir de 16 francs. Il est permis de douter que cette différence en plus soit très favorable à l'immigrant.

L'homme qui s'obstine à rester sur une habitation malgré la volonté du propriétaire, même s'il peut prouver qu'il y venait voir un ami, un parent, est assurément fautif ; mais quand cet homme est un malheureux qui ne gagne que 144 francs pour toute une année de travail, punir sa faute d'une amende de 16 francs au minimum que l'on peut grossir jusqu'à 100 francs, n'est-ce pas excessif ?

L'occasion est bonne pour noter que l'Indien, quand il a fourni sa tâche, reste encore, comme l'ancien esclave, la chose de son engagiste. Retiré dans sa case aux heures de repos ou la nuit, il n'y est pas plus son maître qu'aux heures de culture. Cette case, bien qu'il la paie en travail, n'est pas un domicile inviolable ; l'engagiste et le représentant de l'engagiste peuvent y entrer comme dans l'écurie et peuvent lui interdire d'y recevoir son meilleur ami ! Nous ne faisons pas difficulté de le reconnaître : il serait étrange qu'un habitant fût tenu d'admettre dans l'enceinte de sa propriété qui lui déplairait ; mais voyez comme tout est contre nature, dans l'institution si chère aux planteurs : d'un côté, il faut certainement qu'ils gardent le droit de fermer leur porte à qui bon leur semble ; mais de l'autre, il faut au pauvre immigrant une permission pour recevoir *chez lui* un camarade et il en faut deux à son camarade pour lui faire visite : celle de son employeur et celle de l'employeur de l'ami qu'il va voir !

Art. 182. — Tout manquement grave des travailleurs envers ceux qui les emploient et de ces derniers envers ceux qu'ils emploient, sera puni d'une amende de 5 francs à 25 francs, sans préjudice des peines plus fortes encourues en raison des circonstances du fait.

L'ouvrier de droit commun qui dit à son patron « vous êtes un misérable » est puni d'une amende de 1 à 5 francs pour « injure simple. » L'immigrant qui dit à son engagiste « vous êtes un misérable » sera encore puni, en vertu de l'article 182, d'une amende de 5 à 25 francs pour « manquement grave. » Son sort n'en est pas meilleur qu'auparavant. Quoi qu'on pense sur ce point, punir d'une amende de 5 à 25 francs l'injure grave envers son employeur d'un engagé dont « le tiers du salaire d'un jour est de 15 centimes, » (*Procès-verbaux*, p. 263) nous paraît trop rigoureux ; et punir de la même peine l'injure grave envers son engagé d'un engagiste qui est mieux élevé que lui et qui gagne 15 ou 20,000 francs par an, nous paraît trop indulgent.

Art. 186. — Les greffiers de la Cour d'appel, des Cours d'assises et des tribunaux correctionnels sont tenus de délivrer au protecteur des immigrants un bulletin de tout arrêt ou jugement de condamnation rendu contre un immigrant.

Art. 187. — Il est établi au bureau central de l'immigration, au moyen des extraits et des états délivrés par les greffiers au protecteur des immigrants, un casier dit : *Casier de renseignements.*

Ce casier de renseignements est une innovation ; il s'ajoutera, pour les immigrants, au casier judiciaire qui n'a pas plus d'admirateurs aux colonies que dans la métropole. Ce moyen de mieux les protéger qu'ils ne l'étaient, laisse, selon nous, beaucoup à désirer.

Tel est le projet de règlementation de l'immigration voté le 3 juillet 1885 par le Conseil général de la Guadeloupe à une grande majorité.

N'ont voté contre que MM. Bastard, Dufond, Justin-Marie et Sébastien.

M. Dufond, au commencement de la discussion générale, avait dit : « …. Ai-je besoin, messieurs, de
« vous retracer la condition actuelle de l'immigrant ?
« Vous la connaissez, et vous voulez l'aggraver !
« Franchement, ne suis-je pas en droit de dire que
« vous accomplirez un acte d'inhumanité ? … Voter,
« ce serait reconnaître à cette assemblée le droit de
« mettre en discussion la liberté du travail ; et ce
« droit, je dis que vous ne l'avez pas. Comment vou-
« lez-vous que moi, descendant de cette race qui était
« vouée à l'esclavage, je m'associe à une œuvre qui
« n'est que l'esclavage déguisé ? Comment voulez-
« vous qu'après avoir proscrit cette institution pour
« les miens, je vienne l'imposer à d'autres sous des
« noms trompeurs ? Commettre cette action, ce serait
« abuser de la force et renier le droit. »

M. Guilliod, le président, s'est abstenu en disant, au moment de mettre aux voix l'ensemble du projet :
« Je sens, Messieurs, le besoin de faire une simple
« déclaration qui m'est dictée par mes principes. Je
« rends hommage aux intentions dont est animée la
« Commission qui a élaboré le projet ; mais en même
« temps je dois obéir à un devoir de conscience en
« déclarant que je ne voterai pas le projet ; mes prin-
« cipes s'y opposent. Je veux voir dans les habitants
« de mon pays des concitoyens et non des ilotes. »

Ce sont là des paroles de haute portée sortant de la bouche d'un homme qui est à la fois un vétéran de la démocratie coloniale et l'un des colons les plus estimés de la Guadeloupe.

Immédiatement après le vote, M. le président a donné lecture de la proposition suivante qui venait d'être déposée sur le bureau :

Le Conseil général, considérant les circonstances relatives au fonctionnement même de l'immigration indienne ainsi qu'à l'état financier du pays, lesquelles ont amené la suspension de cette immigration ;

Considérant les avantages et la dignité du travail libre ;

Demande à l'administration de préparer les bases d'une immigration libre destinée à remplacer l'immigration indienne, lesquelles seront étudiées et fixées ultérieurement par le Conseil.

Signé : Dr ISAAC, BASTARD, DUFOND.

M. LE PRÉSIDENT. — La proposition est adoptée à l'unanimité.

M. ROLLIN. — Pardon ! à l'unanimité moins une voix.

Ce dernier vote émis *à l'unanimité* indique quels sont les vrais sentiments du Conseil; tout le monde y verra une réserve tacite contre la réglementation à laquelle il avait jugé devoir souscrire momentanément pour ne pas « désorganiser le travail. »

Sans avoir la prétention de donner des leçons aux républicains du Conseil, nous exprimons le regret que, saisis de la question de la servitude des engagés, il ne l'aient pas tranchée résolument. M. Isaac a dit dans le cours de la discussion : « Que « l'immigration indienne soit une chose mauvaise, je « l'ai toujours pensé, toujours proclamé. *Supprimons-* « *la*, cela a toujours été ma tendance. Elle a été « maintenue par les votes du Conseil malgré moi », (page 206 des *Procès-verbaux*), mais tant qu'elle existe, il faut la réglementer. Est-ce bien ce qu'il y avait à faire? Nous ne le croyons pas. Ce qu'il fallait logiquement, il nous semble, c'était proposer *la suppression*.

Réglementer à nouveau une chose mauvaise, que depuis trente-et-un ans qu'elle existe on organise et réorganise sans avoir pu la rendre tolérable, n'est-ce pas s'exposer à lui donner une nouvelle vie? « Je ne « suis pas, a dit encore M. le rapporteur, je ne suis « pas responsable de la présence de 20,000 étrangers « dans ce pays; je la désapprouve. Une grande partie « d'entre eux se livrent au vagabondage, à la fai- « néantiae habituelle; ils sont un danger permanent, « une menace perpétuelle contre la sécurité des biens « et des personnes. »

Et au lieu de demander qu'on en délivre le pays, il se borne à tâcher de recrépir leur régime! En seront-ils moins un danger public permanent? Que M. Isaac et les républicains du Conseil n'ont-ils imité l'exemple de leurs frères de la Martinique, qui en ont fini avec cette plaie sociale et qui ont l'honneur d'avoir restauré la liberté du travail! Comment ce qui a été possible à la Martinique sans causer dommage, ne serait-il pas possible à la Guadeloupe?

Rappelons en quelques mots ce qu'est cette pré- tendue « immigration » à laquelle le Conseil général, par une prudence selon nous exagérée, craint encore de porter le dernier coup. Les malheureux qui la composent et qu'on nomme mensongèrement des « immigrants », sont ramassés dans les bas-fonds de la population des Indes et expédiés par cargaison de quatre à cinq cents. Nous ne citerons qu'un seul fait pour donner une idée de la manière dont on les exploite : M. Charriol, agent de recrutement de la Guadeloupe, annonce au gouverneur qu'il a un convoi de cinq cents immigrants tout prêts à partir. Il est avisé que la colonie ne peut alors les recevoir. En réponse, il informe le gouverneur « qu'il a pu céder « ses Indiens aux agents de recrutement de la Tri- « nidad et de la Grenade, qui n'ont toutefois accepté « le transfert que sous la réserve d'avoir la faculté de « les rendre un mois après, s'ils n'en trouvent pas « l'emploi. »

Nous voyons donc là 500 hommes qui « ont signé un contrat » pour aller à la Guadeloupe travailler aux conditions déterminées par les usages de cette colonie *française*, et « on les cède » à deux colonies *anglaises* sans demander leur avis, sans qu'ils puissent savoir s'ils trouveront chez les Anglais les mêmes conditions que chez nous ! N'y a-t-il pas dans ces opérations où 500 hommes passent d'une main à une autre comme un troupeau de moutons, comme des ballots de riz ou de café, une analogie complète avec les affreuses opé-rations de la traite des noirs ? Moquez-vous tant que vous voudrez de notre sensiblerie, notre sang, si vieux qu'il soit, montera toujours jusqu'à la chaleur de la fièvre en face de ces attentats à la dignité de l'espèce humaine.

On ne s'émeut pas moins quand on considère la mortalité qui décime parfois les recrues de l'Inde. Dans la discussion du budget de l'immigration en 1884, nous lisons ces paroles, que nous trouvons trop froides, prononcées par M. le docteur Isaac : « La Colonie sur les 900 immigrants des deux der- niers convois a dû supporter à elle seule les frais de transport et de recrutement de 112 Indiens décédés pendant la traversée et avant leur placement ou qui n'ont pas trouvé preneurs, dépense qui s'est élevée à 70,000 francs. » (Conseil général de la Guadeloupe. Séance du 11 décembre 1884, page 264 des *Procès-verbaux.*)

Que la Guadeloupe, vieille de deux cents ans, ne puisse se suffire à elle-même, qu'elle ait réellement ou non besoin d'un supplément de travailleurs, elle doit renoncer à se les procurer d'une façon aussi offensante pour l'humanité et la civilisation moderne.

Mais voici la cargaison « d'immigrants » arrivée à destination. Que fait-on d'eux? On les « adjuge » par lots de dix, quinze, vingt, à tel ou tel engagiste qui s'est fait inscrire pour en avoir, et il enlève son lot ni plus ni moins que si c'était une demi-douzaine d'animaux domestiques, achetés au marché. A l'arrangement des détails de ce qu'on nomme leur contrat, ils n'ont pas la moindre part, ils n'en débattent rien : gages, nourriture, logement, heures de travail, etc., tout est fixé, arrêté entre l'administration et l'engagiste !

Après cela, sachons quel genre d'hommes sont ces « immigrants » Est-ce un appoint désirable pour la population dans laquelle on les introduit? On a entendu tout à l'heure M. le rapporteur de la Commission : « Il faut, dit-il, soumettre à une surveillance « spéciale cet élément étranger susceptible d'être « dangereux à un moment donné… une grande partie « d'entre eux s'abandonne au vagabondage, ils sont « une menace perpétuelle pour la sécurité des biens « et des personnes ».

Ecoutons maintenant une autorité tout aussi irrécusable : « Les engagés de Calcutta sont fréquemment « recrutés parmi les vagabonds de cette ville. » (M. Laugier, gouverneur de la Guadeloupe. Discours au Conseil général, 25 novembre 1884).

« L'immigration Indienne, dit à son tour M. Souque,
« soit qu'elle se recrute à Pondichéry, soit à Calcutta,
« est composée presque en totalité du rebut de l'Inde,
« elle est indolente, elle possède les vices des races
« dégénérées. » (Discours à la Chambre d'Agriculture
de la Pointe-à-Pitre, 1er juillet 1882.)

Dans la discussion de l'immigration en décembre 1884, un des orateurs disait encore : « Les engagés
« de Calcutta sont des fauteurs de discorde, des don-
« neurs de mauvais conseils, ayant la passion du
« vagabondage. » (*Procès-verbaux*, page 297.)

Or, on n'obtiendra jamais mieux, si, depuis nombre
d'années, on a été recruter des immigrants dans la
lie de la population des *villes* de l'Inde pour en faire
des *cultivateurs* à la Guadeloupe, ce n'est pas assurément par goût, c'est qu'il est impossible d'en trouver
ailleurs.

Voilà ce que disent de l'immigration ses partisans
eux-mêmes, ils ne la défendent que comme un « *mal
nécessaire* » et depuis trente et un ans, ce mal nécessaire est toujours le même ! Et depuis trente et un
ans, nos colonies ont dépensé des millions pour
amener dans leur sein des milliers de ces vagabonds !
N'était-il pas temps que la Guadeloupe ne jugeât plus
nécessaire de tirer de la poche de tous ses contribuables des sommes énormes afin de jeter au milieu de
la bonne population de ses campagnes ce contingent
asiatique, perpétuel élément de corruption.

Il vaut la peine de dire ce que coûte un immigrant,
M. Arsonneau, devant le Conseil général de la Guadeloupe (séance du 11 décembre 1884, page 265 des
Procès-verbaux), a établi, sans trouver de contradic-
teur, « que chaque Indien introduit dans la colonie
occasionne, comme frais de recrutement et de trans-

port, une dépense de 487 fr. 50 ; sur cette somme, l'engagiste qui prend un Indien ne rembourse que 285 francs ; reste 202 fr. 50 qui demeurent à la charge de la colonie. » Mais il faut ajouter 300 francs prix ordinaire du rapatriement de l'engagé (M. Arsonneau, dº dº). C'est donc, en chiffre rond, 500 francs dont on fait cadeau à l'engagiste pour chacun des Indiens qui travaille exclusivement à son profit ! Cependant, comme l'a fort bien dit M. Arsonneau : « l'engagiste a besoin du service de l'immigrant, c'est à lui qu'il « appartiendrait de supporter tous les frais résultant de ce service. »

Le rapatriement seul entraîne une dépense très considérable. Le sous-secrétaire d'Etat, M. Félix Faure, écrivait au gouverneur de la Guadeloupe, en date du 11 décembre 1884 : « Vous me faites connaître qu'il ne sera pas possible à la colonie de rapatrier, par un seul convoi, tous les immigrants y ayant droit et dont le nombre s'élève actuellement à 1,300 environ. Vous ajoutez qu'une prévision de crédit de 200 mille francs a été inscrite au projet du budget de 1885 pour faire face au rapatriement d'un convoi de 5 à 600 Indiens. Il resterait donc encore encore, après l'expédition de ce convoi, de 7 à 800 immigrants à rapatrier. Je n'ai pas besoin de faire ressortir les inconvénients graves qui résulteraient de nouveaux retards dans l'exécution complète des obligations contractées par la colonie envers les Indiens engagés comme travailleurs. » (Conseil général, *Procès-verbaux* de la session de 1884, page 776.)

Il s'agit par conséquent, au bas mot, pour rapatrier 1,300 immigrants, de plus d'un demi-million que l'on fait payer par tous les contribuables.

Joignez à cela, en dépense annuelle, les frais du

service de protection, ceux du service de surveillance spéciale, ceux des dépôts de la Basse-Terre et de la Pointe-à-Pitre où l'on entasse les Indiens arrêtés pour vagabondage ou désertion, ceux des prisons où l'on enferme les Indiens condamnés, enfin, ceux du traitement des Indiens dans les hôpitaux « qui ont monté « en 1881 à 54,000 francs et en 1883 à 49,000 francs, « soit en deux années 103,000 francs. » Calculez ce qu'ont ainsi coûté les 20,000 de ces étrangers qui sont à cette heure dans la colonie, et vous ne nous taxerez pas pas d'exagération lorsque nous dénonçons l'immigration comme une cause de ruine pour elle.

Si, depuis trente-et-un ans, nos deux colonies des Antilles avaient employé la moitié des millions dévorés par l'immigration à donner à leurs agriculteurs créoles un salaire rémunérateur, elles n'auraient pas eu besoin de faire au Crédit foncier des emprunts ruineux, pour acheter au loin des engagés ; leur avenir ne serait pas plein d'ombre, et leur prospérité, en tout cas, ne serait pas à la discrétion d'une puissance rivale. Quelle imprudence, en effet, commet la Guadeloupe en persistant à faire dépendre son existence agricole de l'immigration ! L'art. 26 de la convention franco-anglaise du 1er juillet 1881 ne porte-t-il pas : « Le gouvernement de l'Inde AURA LA FACULTÉ DE « SUSPENDRE EN TOUT TEMPS l'immigration de ses « sujets indiens pour une ou plusieurs des colonies « françaises ? »

Et c'est nous que l'on accuse « de travailler à la ruine de la Guadeloupe » parce que nous ne voulons pas que son existence et sa prospérité dépendent du bon plaisir de l'Angleterre, parce que nous voulons l'affranchir de tous les liens de la dangereuse immigration qui l'enserrent, et des lois d'exception qu'elle est forcée d'édicter pour la contenir !

Que l'on se souvienne donc de ce que répétaient les planteurs du temps de l'esclavage ! Les abolitionnistes, criaient-ils aussi, « travaillent à la ruine des colonies ; sans l'esclavage, les colonies seraient perdues. »

Eh bien ! l'abolition leur a été si peu fatale que si, par impossible, il était jamais question de rétablir l'esclavage, les anciens possesseurs d'esclaves et leurs fils seraient aujourd'hui les premiers à s'y opposer. Il en arrivera de même de la suppression de l'immigration.

Mais qu'a dit encore M. Souque, parlant à la *chambre d'agriculture de la Pointe-à-Pitre* (1er juillet 1882) : « Les résultats de l'immigration indienne n'ont pas « été avantageux *au point de vue économique,* et l'on « peut dire qu'elle n'a été qu'un expédient. »

M. Ledentu, dans la session du Conseil général de 1881 avait déjà dit d'elle : « ce n'est qu'un pis-aller. »

M. Souque est un des grands propriétaires et un des hommes les plus expérimentés de son pays ; M. Ledentu possède également une connaissance parfaite de toutes les affaires de la Guadeloupe. Cette belle Colonie fait-elle acte de sagesse en se cramponnant à une institution que des colons comme ceux-là déclarent « désavantageuse », ce qui revient à dire avec tous les économistes qu'elle est une « erreur économique. »

Au-dessus des divers points de vue auxquels nous venons d'envisager l'immigration, il y a une raison morale pour la proscrire, c'est qu'elle ne peut et ne pourra jamais être autre chose que ce qu'elle est : un diminutif de l'esclavage, esclavage temporaire, mais esclavage réel. Il y a quelques mois, la Commission du Sénat chargée d'examiner le projet de loi des récidivistes, flétrissait encore l'immigration du nom de « quasi-servitude ». « Les propriétaires de la « Nouvelle-Calédonie, disait-elle, préfèrent à la main « d'œuvre indocile des libérés, le travail bien moins « coûteux et *quasi-servile* des immigrants néo- « Hébridais. »

Le Conseil général de la Guadeloupe y songera.

Les ouvriers manuels de la Pointe-à-Pitre viennent de former une société de secours mutuels; ils s'associent dans un esprit de bienveillance réciproque, ils se disent : « Secourons-nous les uns les autres. » C'est à la jouissance de la liberté du travail qu'ils doivent de si féconds progrès intellectuels et moraux. Est-ce à côté de ces braves ouvriers, obéissant d'ailleurs aux généreux instincts de leur race, que l'Assemblée législative de la Guadeloupe voudrait refuser longtemps encore aux Indiens la liberté du travail? Elle a déjà clairement répondu : non.

Son vote final du 3 juillet, émis à l'unanimité, pour demander l'immigration libre, au moment même où elle venait de codifier la prolongation de l'asservissement des Indiens, témoigne indubitablement qu'elle avait voulu satisfaire à ce qu'elle croyait bon pour le moment à la fortune du pays, mais que son cœur n'était pas là, que ses désirs et ses vœux allaient à l'immigration libre.

Nous gardons la ferme assurance que les républicains du Conseil ne tarderont pas à se ressaisir eux-mêmes et à revenir sur leur nouvelle réglementation de la servitude de la glèbe. Ils ne peuvent vouloir que la Guadeloupe vive indéfiniment sur « un expédient », sur « un pis-aller » avec des bandes d'Indiens placés

en dehors du droit commun et « qui affligent les
« regards par le spectacle de leurs misères physiques
« et morales. » Leur projet du 3 juillet 1884 n'a été
pour eux qu'une œuvre provisoire; ils tiendront à
l'effacer vite; il est inconciliable avec la déclaration
des droits de l'homme, le premier dogme de leur foi
politique, inconciliable avec leur respect de la dignité
humaine, inconciliable avec leur qualité de citoyens
français, inconciliable avec leur qualité de fils de la
grande Révolution française, inconciliable avec les
souvenirs de l'émancipation de 1848, inconciliable
avec les principes de la République qui ne permettent
pas de porter atteinte à la liberté individuelle, inconciliable, enfin, avec la morale universelle qui nous
défend de faire à autrui ce que nous ne voudrions pas
qui nous fût fait.

Paris. — Imp. Wattier et Cⁱᵉ, 4, rue des Déchargeurs.

www.ingramcontent.com/pod-product-compliance
Lightning Source LLC
Chambersburg PA
CBHW061249030726
47595CB00004B/1771